AF357751

# CATALOGUE

### D'UNE INTÉRESSANTE RÉUNION

# D'OBJETS DE MONTRE

## DE LA CHINE ET DU JAPON

PORCELAINES ;

MATIÈRES PRÉCIEUSES ; ÉMAUX CLOISONNÉS ;

BRONZES; LAQUES; OBJETS VARIÉS.

DONT LA VENTE AURA LIEU

## *HOTEL DROUOT, SALLE N° 5*

### Le Jeudi 19 Décembre 1872

A DEUX HEURES

---

Par le ministère de M° **CHARLES PILLET**
10, rue de la Grange-Batel.

Assisté de M. Charles **MANNHEIM**, exp.

*Chez lesquels se distribue le*

---

**EXPOSITION**

# CONDITIONS DE LA VENTE

Elle sera faite au comptant.

Les adjudicataires payeront *cinq pour cent* en sus des enchères.

L'exposition mettant le public à même de se rendre compte de l'état des objets, il ne sera admis aucune réclamation une fois l'adjudication prononcée.

# DÉSIGNATION DES OBJETS

## ÉMAUX CLOISONNÉS

1 — Deux jolies vasques ou Jardinières en émail cloisonné, à fleurs et oiseaux, sur fond bleu turquoise.

2 — Deux vases formés chacun de deux poissons accolés, émaillés en couleurs. L'ensemble de ces pièces offre la forme d'un balustre renversé à goulot étroit.

3 — Beau brûle-parfums à panse sphérique, reposant sur trois pieds à têtes chimériques et à deux anses surélevées en S. Il est décoré de fleurs arabesques sur fond bleu turquoise. Le couvercle émaillé a un bouton en bronze doré.

4 — Deux jolis éléphants debout, émaillés blancs, couverts de caparaçons à rosaces, sur fond bleu clair, et supportant des petits vases forme gourde, décorés de fleurs sur fond rouge.

5 — Deux grands vases, modèle rouleau, décorés de médaillons d'oiseaux, sur fond blanc et bleu. Le fond général est bleu turquoise.

6 — Deux jolies jardinières de forme contournée, en cuivre repoussé et doré, enrichies d'émaux dits à gouttelettes.

7 — Deux jolis vases forme balustre surbaissé, à couvercle décoré de fleurs sur fond gros bleu.

8 — Dessus de table en émail cloisonné de la Chine. Il offre au centre un médaillon de paysage avec chimère, et au bord des compartiments décorés d'ornements variés et d'oiseaux.

9 — Coupe ou bol de forme ronde, décorée au centre d'un médaillon à fond blanc et offrant au bord des ornements sur fond bleu clair.

10 — Deux boîtes de forme ronde et plate, décorées de médaillons à fond rouge et offrant au pourtour des fleurs sur fond blanc.

11 — Deux vases forme rouleau, décorés de fleurs sur fond blanc; la gorge offre des fleurs sur fond bleu.

12 — Deux bols décorés à l'extérieur de fleurs sur fond bleu clair, et offrant à l'intérieur des chevaux se jouant dans les flots.

13 — Deux petits vases forme balustre à panse décorée de fleurs sur fond blanc et à gorge à fond vert et fleurs arabesques en couleurs.

14 — Jolie petite cassolette de forme oblongue à deux anses surélevées reposant sur quatre pieds cintrés et à couvercle repercé à jour et surmonté d'une chimère couchée. Le tout en émail cloisonné de la Chine décoré d'ornements en couleurs sur fond bleu turquoise.

15 — Joli petit vase forme bouteille à panse sphérique et col droit, décoré de fleurs arabesques émaillées en couleurs sur fond bleu turquoise.

16 — Deux cassolettes couvertes décorées d'attributs variés et d'ornements émaillés en couleurs sur fond noir. Anses en bronze doré à têtes de chimères.

17 — Petit brûle-parfums de forme rectangulaire en émail cloisonné, décoré d'ornements sur fond bleu turquoise. Les pieds, les anses et les arêtes saillantes sont dorés, le couvercle est en bois sculpté.

18 — Gobelet et plateau rond en émail cloisonné de la Chine à fleurs arabesques sur fond bleu turquoise et vert translucide. Qualité ancienne très-rare.

19 — Deux petites jardinières de forme hexagonale, décorées de fleurs arabesques et d'ornements sur fond bleu d'eau.

20 — Deux jolis petits vases forme balustre, décorés de fleurs sur fond bleu turquoise et rouge avec entre-deux à rosaces.

21 — Petite jardinière de forme contournée, décorée d'arabesques émaillées en couleurs sur fond bleu turquoise.

22 — Petite bouteille en émail cloisonné de la Chine à fleurs et ornements sur fond bleu turquoise.

23 — Petite boîte de forme lenticulaire, décorée de fleurs arabesques émaillées en couleurs sur fond bleu turquoise.

24 — Deux vases forme balustre, décorés de fleurs et d'insectes émaillés en couleurs sur fond violet.

25 — Très-petit brûle-parfums de forme rectangulaire à pieds droits, en émail cloisonné à ornements bleus sur fond bleu turquoise. Le couvercle est repercé à jour.

26 — Petite boîte de forme lenticulaire décorée d'ornements sur fonds variés de nuances.

27 — Très-petit vase forme bouteille, décoré de fleurs et d'ornements émaillés en couleurs sur fond bleu turquoise.

28 — Deux petites jardinières forme baril surbaissé, décorées de rinceaux et de fleurs arabesques sur fond bleu turquoise.

29 — Petite boîte de forme lenticulaire en émail cloisonné à fleurs arabesques sur fond bleu turquoise.

30 — Très-petit brûle-parfums de forme sphérique à couvercle, décoré de fleurs sur fond bleu turquoise. Les pieds cintrés sont ornés de têtes chimériques.

81 — Petite bouteille en émail cloisonné à fleurs arabesques sur fond bleu turquoise.

32 — Petite boîte de forme lenticulaire en émail cloisonné
à fleurs arabesques sur fond bleu turquoise.

33 — Petit cachepot de forme cylindrique, décoré de rosaces
losangées émaillées de couleurs variées.

34 — Petite bouteille en émail cloisonné, décorée d'ornements sur fond bleu turquoise.

35 — Boîte de forme lenticulaire décorée de fleurs arabesques.

36 — Petite boîte ronde émaillée bleu turquoise, décorée
de fleurettes au pourtour et d'ornements sur le couvercle.

37 — Brûle-parfums ou brasero en émail cloisonné à fleurs
sur fond bleu turquoise, supporté par trois personnages
debout en bronze. Le couvercle dômé en émail repose
sur une galerie découpée à jour.

38 — Deux bols décorés de fleurs arabesques sur fond gros
bleu.

39 — Deux bols analogues décorés de médaillons sur fond
gros bleu se détachant sur un fond bleu turquoise.

## ÉMAUX PEINTS DE LA CHINE

40 — Deux brûle-parfums de forme oblongue à angles
rentrants en émail de la Chine, décorés de médaillons,
de paysages avec animaux. Le fond jaune d'or est décoré de fleurs et d'ornements.

44 — Quatre compotiers en cuivre émaillé, décorés de paysages avec bordures bleues.

42 — Deux autres compotiers de même style.

43 — Petite gourde en cuivre émaillé à fond rose, décorée de nuages et de chauves-souris et de médaillons ronds.


## MATIÈRES PRÉCIEUSES


44 — Jade vert. — Deux coupes rondes couvertes, sur socles en bambou sculpté, très-élégants de forme et délicatement travaillés.

45 — Jade gris verdatre. — Petit éléphant debout couvert d'un caparaçon gravé.

46 — Agate orientale blonde, mamelonnée et sardonisée. — Coupe ronde à sept lobes, parfaitement évidée d'épaisseur.

47 — Jade vert. — Brûle-parfums de forme ronde à couvercle décoré d'ornements gravés. Les deux anses prises dans la masse sont formées d'animaux chimériques.

48 — Agate orientale blonde et sardonisée. — Coupe forme fruit avec branche prise dans la masse.

49 — JADE VERT. — Coupe ronde et basse reposant sur trois
pieds bas et décorée de fleurs et d'ornements gravés en
relief.

50 — JADE GRIS. — Petite coupe à cinq lobes entourée de
branchages pris dans la masse et découpés à jour.

51 — CRISTAL DE ROCHE. — Petit vase forme balustre à
deux anses prises dans la masse et ornements gravés ;
chimère assise sur le couvercle.

52 — AGATE ORIENTALE. — Petite coupe évasée à bords
plissés et à deux anses prises dans la masse.

53 — JADE BLANC. — Petit vase forme gourde aplatie à
ornements gravés en relief et à deux petites anses
droites.

54 — JADE VERT. — Coupe ronde et basse à ornements
gravés en relief et à deux anses prises dans la masse.

55 — AGATE ORIENTALE BLONDE. — Petite coupe de forme
arrondie.

56 — JADE BLANC. — Petit plateau-support ou cendrier de
forme contournée et gravé à filets.

57 — JADE GRIS. — Plateau analogue mais plus petit.

58 — JADE GRIS VERDATRE. — Deux petits gobelets gravés
à ornements.

59 — CRISTAL DE ROCHE. — Petit vase forme balustre à deux anses têtes chimériques et à couvercle surmonté d'une chimère.

60 — AGATE ORIENTALE BLONDE. — Petite coupe ronde à deux anses prises dans la masse.

61 — JADE VERT. — Petit vase formé par un oiseau debout tenant dans son bec un anneau mobile pris dans la masse.

62 — AGATE ORIENTALE BLONDE. — Plateau de forme ovale à quatre lobes.

63 — JADE VERT. — Petit vase forme balustre aplati décoré d'ornements en relief et à deux anses prises dans la masse et repercées à jour.

64 — JADE GRIS. — Coupe forme fleur entourée de branchages et de fleurs pris dans la masse et repercés à jour.

65 — JADE VERT. — Petit vase forme balustre aplati à deux anses prises dans la masse.

66 — AGATE ORIENTALE BLONDE. — Petite coupe ronde à deux anses prises dans la masse.

67 — JADE GRIS. — Petit plateau oblong à quatre lobes et couteau à papier forme poignard.

68 — SERPENTINE NOBLE. — Coupe en forme de courge avec branchages pris dans la masse. Socle en bois sculpté.

69 — JADE GRIS. — Petite boîte de forme lenticulaire, sur socle en bois sculpté.

70 — AGATE ORIENTALE BLONDE. — Plateau de forme oblongue à angles arrondis et rentrants.

71 — AGATE ORIENTALE BLONDE. — Petite coupe à bord légèrement évasé.

72 — AGATE ORIENTALE BLONDE. — Petit groupe composé d'un cavalier et d'un suivant.

73 — JADE GRIS. — Petite coupe ronde et basse à pois saillants et à deux anses prises dans la masse.

74 — CRISTAL DE ROCHE. — Petit vase de forme sphéroïdale surbaissée, sur pied en bois sculpté.

75 — AGATE ORIENTALE BLONDE ET SARDONISÉE. — Petit plateau rond à bord festonné.

76 — AGATE ORIENTALE BLONDE. — Très-petit groupe : Ours attaquant un cheval.

77 — AGATE ORIENTALE BLONDE. — Petite coupe taillée à pans et à deux anses prises dans la masse.

78 — AGATE ORIENTALE à deux couches. — Porte-pinceau
formé d'une branche de fleurs sur un plateau. Socle en
bois de fer incrusté de filets d'argent.

79 — AGATE ORIENTALE. — Petite coupe forme fleur avec
anse prise dans la masse.

80 — AGATE ORIENTALE. — Coupe de même forme que
celle qui précède.

# PORCELAINES

81 — Vase forme balustre, en porcelaine de Chine émaillée bleu au grand feu.

82 — Vase forme bouteille en porcelaine de Chine, décoré
de dragons émaillés vert sur fond rougeâtre.

83 — Joli vase modèle balustre surbaissé en porcelaine
jaspée rouge de la Chine.

84 — Vase forme bouteille en céladon bleu turquoise mar-
bré de bleu foncé.

85 — Vase forme gourde, décoré de fleurs arabesques et
d'ornements en bleu sur fond rouge.

86 — Vase forme bouteille en porcelaine de Chine, fond
jaune Nankin, décoré de chimères gravées, émaillées en
couleurs.

87 — Joli vase forme balustre à deux anses tigres couchés, en porcelaine de Chine, décoré de fleurs arabesques et d'ornements émaillés en couleurs sur fond bleu turquoise.

88 — Vase de forme analogue, en porcelaine de Chine, décoré de pivoines en bleu et rouge de cuivre sur fond bleu.

89 — Vase modèle bouteille, de forme très-curieuse, à double enveloppe. A l'intérieur la pièce est décorée de feuillages en camaïeu bleu, à l'extérieur elle offre une frise de fleurs découpées à jour et émaillées vert d'eau.

90 — Très-joli petit vase forme bouteille en céladon bleu turquoise, décoré d'un dragon en camaïeu noir. Pièce rare.

91 — Petit vase de forme analogue, en porcelaine blanche, avec dragon gaufré en relief.

92 — Petit vase de forme ovoïde, en ancienne porcelaine craquelée vert de la Chine.

93 — Plat rond à lobes en porcelaine de Chine, décoré de dragons émaillés en couleurs sur fond brun.

94 — Petit vase forme balustre , en céladon bleu empois et col long et droit, décoré d'un dragon sur fond blanc.

95 — Joli petit vase forme bouteille, en céladon vert d'eau, décoré de canards et de plantes aquatiques émaillés en couleurs.

96 — Jolie petite coupe ronde en ancienne porcelaine de Chine, décorée de dragons et d'ornements en émaux de la famille verte.

97 — Petit vase forme balustre, en porcelaine de Chine craquelée vert clair et décoré de pêchers en bleu et rouge de cuivre.

98 — Jolie coupe ronde en ancienne porcelaine de Chine à sujet familier et ornements, décorés en émaux de la famille verte.

99 — Petit vase de forme ovoïde en porcelaine de Chine, décoré d'arabesques émaillées en couleurs.

100 — Petite coupe ronde en ancienne porcelaine de Chine, décorée d'une figure de femme en émaux de la famille verte.

101 — Plat rond en porcelaine de Chine, décoré d'un dragon dont la tête est vue de face.

102 — Deux charmants petits vases forme balustre renversé, en porcelaine de Chine craquelée vert émeraude.

103 — Plateau rond à bord droit en céladon vert d'eau gaufré à ornements.

104 — Petit plateau rectangulaire **en** céladon bleu turquoise.

105 — Petit vase de forme ovoïde en porcelaine de Chine, décoré de fleurs en camaïeu bleu sur fond jaune d'or.

106 — Petite coupe ronde et profonde en ancienne porcelaine de Chine, décorée en émaux de la famille verte; au centre, un coq; au pourtour, bordure de fleurs et de rosaces.

107 — Très-petite jardinière carrée en céladon bleu turquoise.

108 — Petit flacon forme droite, en ancienne poterie de Satsuma, décoré de médaillons de fleurs en couleurs et or.

109 — Petite coupe ronde en ancienne porcelaine de Chine, décorée en émaux de la famille verte, à paysage et bordure d'ornements.

110 — Petit vase forme balustre surbaissé en ancienne porcelaine craquelée de la Chine, à frise d'ornements et anses en relief émaillées brun.

111 — Groupe de deux chimères en ancienne porcelaine de Chine, émaillé en couleurs.

112 — Petit vase forme balustre carré à deux anses, en porcelaine de Chine, à décor soufflé bleu.

113 — Petite bouteille en porcelaine de Chine, émaillée bleu foncé.

# BRONZES

114 — Brûle-parfums de forme basse à deux anses en bronze taché d'or. Marque à six caractères. Travail chinois.

115 — Petite chimère assise en bronze incrusté d'argent. Travail chinois.

116 — Petit brasero reposant sur trois petits pieds forme bambou en bronze taché d'or.

117 — Faucon en argent sur son perchoir en cuivre.

# LAQUES

118 — Boîte de forme carrée à angles arrondis et rentrants en laque rouge ciselé de Pékin, décorée de médaillons, de paysages et fleurs sur fond couvert de rosaces.

119 — Petite boîte ronde en laque noir à décor d'or; sur le couvercle, un cerf couché; à l'intérieur, groupe de feuilles.

120 — Petite gourde en laque noir du Japon, à décor de fleurs en or.